NOTICE BIOGRAPHIQUE

SUR

M. HIPPOLYTE CONCHON

CONSEILLER A LA COUR IMPÉRIALE DE PARIS
MEMBRE HONORAIRE DE L'ACADÉMIE DE CLERMONT

Lu à l'Académie des sciences, belles-lettres et arts de Clermont-Ferrand
(séance du 9 novembre 1865)

PAR

M. GRELLET-DUMAZEAU

Président de l'Académie
Président de chambre à la Cour impériale de Riom.

CLERMONT-FERRAND

FERDINAND THIBAUD, IMPRIMEUR-LIBRAIRE

Rue St-Genès, 8-10.

1866.

NOTICE BIOGRAPHIQUE

SUR

M. HIPPOLYTE CONCHON

―――――◆◆◆―――――

Messieurs,

Je vais vous parler d'un homme avec qui j'ai vécu dans une étroite intimité. Cependant cette situation n'excite en moi aucune défiance et ne me cause aucun embarras. Notre amitié n'eut pour point de départ ni la mise en commun des ennuis et des joies de l'enfance, ni l'association des travaux et des plaisirs de la jeunesse : elle naquit, au temps de l'âge mûr, d'un rapprochement imprévu, favorisé par une communauté d'origine, par d'anciennes relations de famille et par une similitude de fonctions. C'est assez vous dire que ce sentiment réciproque fut dégagé des influences de l'habitude et pur de tout entraînement irréfléchi. Je me crois donc aussi libre que bien informé ; et s'il est doux à mon cœur de ne pas dissimuler la satisfaction que j'éprouve à entreprendre la tâche que votre bienveillance m'a confiée, je me sens néanmoins préparé à l'accomplir, moins comme un acte de bienséance et d'affection, que comme un devoir, imposant avant tout le respect de la vérité.

En abordant ce travail, je ne puis me défendre d'un souvenir qui m'inquiète en même temps qu'il me charme. Vous vous rappelez, Messieurs, avec quel tact exquis, quelle finesse d'aperçus, quelle perfection de style, M. Conchon savait parler de ceux qui ne sont plus. Vous n'avez pas oublié ses Notices sur le président Tailhand, cet érudit trop désintéressé qui laissa, après lui, beaucoup d'or resté dans la gangue; sur Chasteau-Dubreuil, magistrat chez qui les qualités du jurisconsulte s'unissaient aux vertus de l'homme privé ; sur Degeorge, le disciple aimé de David, qui, au culte de la forme, professé par son illustre maître, sut allier l'amour intelligent du coloris. Vous vous souvenez aussi de cette spirituelle et délicate étude sur Vaissière, esprit d'élite évanoui avant le temps, poète facile dont la muse mêle au bruit de ses grelots des soupirs de mélancolie. J'aurais voulu peindre l'auteur de ces portraits achevés comme il savait peindre lui-même : privé de son pinceau, je ne pourrai demander grâce pour la couleur que si j'atteins à la ressemblance.

M. Hippolyte CONCHON naquit à Aubusson (Creuse) le 8 juin 1794 ; son père, originaire de l'Auvergne, s'était fixé dans cette ville par suite de son mariage, et il y exerçait avec distinction la profession d'expert féodiste. Ramené à Volvic, son pays natal, par le mauvais état de sa santé, il transporta, vers 1810, son domicile à Clermont, où il mourut dans un âge peu avancé.

Lorsque le moment fut venu de songer sérieusement à l'instruction du jeune Hippolyte, la France assistait à une sorte de renaissance des lettres singulièrement favorisée, sinon provoquée, par la lassitude et par le silence des partis politiques. La main puissante du grand organisateur de ce siècle rapprochait les membres dispersés de l'Université et donnait une vie nouvelle à ce corps célèbre. Un fait bien digne d'être remarqué, c'est que la génération qui vint s'abreuver à ces sources retrouvées y puisa le goût d'une saine et forte littérature dont les fruits arrivèrent presque toujours à pleine maturité. Les succès éclatants que M. Conchon obtint au lycée de Limoges, puis, plus tard, au lycée de Clermont, firent naître en lui un amour des lettres classiques auquel il resta fidèle pendant toute sa vie.

Nous ne savons rien de particulier sur ses études de droit qu'il fit à Paris. Ses débuts d'avocat eurent lieu au barreau de Clermont en 1818. C'était l'époque où commençait à s'effacer le type du vieux jurisconsulte, dont on a dit :

> Son visage a pâli sur le texte et la glose.

La science du droit se trouvait simplifiée par l'unité de législation, et l'étude de ses principes facilitée, nous devrions peut-être dire amoindrie, par les Recueils et par les Dictionnaires de jurisprudence. M. Conchon, comme la plupart des jeunes hommes de son temps, n'eut pas la prétention de suivre pas à pas les traces de ses laborieux devanciers ; mais il apporta au barreau des formes plus dégagées, plus littéraires et mieux appropriées à la nouvelle direction des esprits. Nous avons sous les yeux son plaidoyer dans une affaire qui, grâces aux préoccupations politiques du moment, excita l'attention de la province toute entière. Il s'agissait d'une plainte en diffamation portée par un géomètre en chef du cadastre contre un homme actif, remuant, doué de quelques belles facultés, qui, plus tard, s'acquit une notoriété bruyante dans le journalisme parisien, mort depuis longtemps, et oublié. L'avocat du prévenu fut spirituel et incisif ; sa discussion est façonnée, académique ; ses allusions aux personnes et aux choses sont habilement voilées, et l'on sent à chaque ligne qu'il s'est donné pour modèle l'illustre défenseur des chansons de Béranger et des pamphlets de l'abbé de Pradt (1). Le client fut condamné, mais le succès du défenseur fut complet : c'était double justice.

La position que M. Conchon avait conquise au barreau, la réputation qu'il s'était faite d'homme d'esprit aimant et cultivant les lettres, attirèrent l'attention de l'Académie. Elle l'appela dans son sein le 7 janvier 1828. Son discours de réception traitait de *l'éloquence du barreau et des causes qui en ont modifié le caractère depuis* 1789. Dans ce travail, écrit avec

---

(1) M. Dupin.

soin, mais un peu trop coloré peut-être par l'éclat d'une ardeur toute juvénile, l'orateur n'épargna ni le régime féodal, ni les institutions qui lui avaient succédé, ni même le despotisme fécond du grand roi. Suivant lui, les progrès de l'éloquence judiciaire étaient dus principalement au développement des idées philosophiques du xviiie siècle. Cette thèse, très-contestable assurément, empruntait à la situation quelque chose de singulier et de piquant : l'Académie était présidée par M. de Montlosier, dont les opinions bien connues s'accordaient peu avec celles du récipiendaire. Chargé de lui répondre, le vénérable président s'acquitta de cette tâche délicate avec autant de tact que de bienveillance. « Dans un temps, dit-il, où la
» politique agite diversement les esprits, je ne dissimulerai pas
» que des vues qui en ont une si forte teinte pourront trouver
» parmi nous des dissentiments. Il ne faut pas trop s'en plain-
» dre : les dissentiments sont pour les esprits un principe d'ac-
» tivité. Si la liberté semble être le premier apanage des gou-
» vernements représentatifs, cet apanage est plus particulière-
» ment celui de la république des lettres... Le siècle de
» Louis XIV est réputé le siècle de la poésie et de l'éloquence.
» Celui qui lui a succédé a vu commencer les tentatives har-
» dies et quelquefois téméraires de la philosophie. La pensée
» a pu avoir quelque chose de violent auprès des entraves qui
» la gênaient. Plus libre aujourd'hui, nous espérons qu'elle
» sera plus sage. »

L'illustre président aurait pu ajouter, en s'appuyant sur l'autorité de Tacite, que l'éloquence ne s'est jamais élevée plus haut que dans les temps d'anarchie et de guerre civile, et qu'elle ne saurait exister à ce degré dans les gouvernements bien ordonnés (1). M. de Montlosier avait pour les idées d'autrui, sauf une exception demeurée célèbre, un grand fonds de tolérance, et les témérités de son jeune confrère n'altérèrent en rien l'affection qu'il lui portait.

(1) Magna et notabilis eloquentia alumna licentiæ... quæ in bene constitutis civitatibus non oritur. *De causis corruptæ eloq.* 40.

La coopération de M. Conchon à vos travaux fut assidue et active. Ses rapports sur des ouvrages soumis à l'Académie sont des analyses scrupuleusement étudiées, quelquefois de petits traités sur la matière. S'agit-il de rendre compte du livre du docteur Vingtrinier, l'un de vos correspondants, sur *les prisons et les prisonniers*, le rapporteur expose toutes les difficultés du sujet et pose les questions qu'elles font naître; puis il passe en revue, en les appréciant avec une rare sagacité, ces systèmes pénitenciers d'Howard, d'Auburn, de Cherry-Hill, qui ont eu leur moment de vogue, comme tout ce qui est nouveau et séduisant, mais dont l'application a prouvé encore une fois qu'il n'est rien de parfait dans les institutions de mains d'homme. Plus tard, en vous entretenant de l'*Histoire poétique et littéraire de l'ancien Velay*, œuvre magistrale de M. Francisque Mandet, il constate et signale avec autant de précision que d'élégance la transformation de notre littérature, qui, lasse de se modeler sur l'antique, emprunte des formes nouvelles aux chroniques du moyen âge.

Sous l'apparence d'un simple rapport, ses *Etudes sur Savaron*, à propos d'un savant travail sur le même sujet de M. Henry Doniol, attestent non-seulement de patientes recherches sur la vie et les ouvrages de l'auteur des *Origines de Clermont*, mais encore une appréciation ingénieuse des hommes et des choses de son temps. M. Conchon et M. Doniol, d'accord sur les faits, ne s'entendent pas toujours sur les conséquences qu'ils comportent. La divergence éclate surtout à l'occasion des Etats de 1614. Suivant M. Doniol, les fruits recueillis en 1789 se seraient déjà trouvés en germe dans cette célèbre assemblée, et Savaron s'y serait montré, au nom du tiers qu'il représentait, le promoteur médiat de la déclaration des droits de l'homme et du citoyen. M. Conchon, tout en reconnaissant que ces États, comme la plupart de ceux qui les avaient précédés, ont été favorables à des aspirations de progrès et surtout à la réforme des abus, conteste qu'aucun principe d'émancipation sociale ou même politique s'y soit implicitement formulé. Nous ne nous porterons pas juge de ce dissentiment, sur lequel nous serions peut-être disposé à proposer une transaction. Constatons toutefois le singulier contraste existant entre la séance de l'Assemblée nationale du 19 juin 1790, — où le comte Lepelletier de Saint-Fargeau, le marquis de Lameth, le marquis de La Fayette et le duc de Noailles faisaient décréter l'abolition des titres, « enfants frivoles de » l'orgueil et de la vanité, » — et cette séance des Etats de 1614 où un député de la noblesse s'écriait, en répondant à notre Savaron : « Nous repoussons toute parenté avec le tiers, » et nous ne voulons pas que les enfants des cordonniers et » des savetiers nous appellent frères. Il y a autant de diffé- » rence entre nous et le tiers-état qu'entre le maître et le valet. » Il faut convenir, Messieurs, qu'à cette époque le fleuve de la démocratie était loin de couler à pleins bords.

Mais le désir de rapprocher quelques travaux académiques de M. Conchon nous a fait franchir un intervalle sur lequel nous devons revenir. Ses *Etudes sur Savaron* sont de 1846 : avant ce temps, des événements importants s'étaient accomplis dans sa vie.

La révolution de 1830 avait été saluée par lui avec enthousiasme, comme par la plupart des jeunes hommes de sa génération. Elle lui paraissait une affirmation de nationalité, et, en même temps, un progrès vers l'égalité civile, le seul vrai socialisme auquel, suivant lui, il soit humainement possible d'atteindre et de se fixer. Le nouveau gouvernement ne tarda pas à le nommer adjoint au maire de Clermont. Mais comme le maire faisait partie de la députation législative, M. Conchon devint de fait le chef de la cité pendant une partie de l'année. Le temps, l'activité, l'intelligence qu'il consacra à ces fonctions lui méritèrent la décoration de la Légion-d'Honneur, distinction qui, loin de blesser cette égalité finale dont il faisait le *desideratum* de la démocratie, exclut, au contraire, toute idée de privilège par la consécration spéciale et viagère de la valeur purement personnelle.

Il fut nommé maire en 1836. Son administration fut remplie d'initiative, et il est peu de projets, réalisés depuis, qui n'aient été l'objet de ses préoccupations. Le 2 août 1841, il faisait au conseil municipal un long rapport dans lequel se trouvent exposées avec netteté ses vues sur la construction d'une caserne de cavalerie, sur une meilleure distribution des eaux et sur l'extinction de la mendicité. Dans le même travail, il constate que des salles d'asile ont été créées, que toutes les difficultés qui s'opposaient à l'édification d'un abattoir sont aplanies, et que de notables améliorations ont été apportées dans plusieurs services importants. Enfin, un article développé est consacré à l'instruction primaire qui excite ses plus vives sollicitudes.

Ce Rapport, plein de faits et d'intentions excellentes, devait être le dernier programme de l'administrateur. Un mois après, le maire de Clermont déposait son écharpe *souillée par la sédition*, suivant ses propres expressions.

Ici, Messieurs, nous touchons à un de ces événements qui marquent dans l'histoire d'une province. Déjà près d'un quart de siècle nous en sépare, et c'est à peine si la génération arrivée aujourd'hui à la moitié de sa tâche peut en avoir conservé un vague souvenir. Cet événement se lie trop étroitement à mon sujet pour qu'il me soit permis de le passer sous silence. Aussi bien, le temps a mesuré trop d'espace entre cette époque et la nôtre pour qu'un récit sommaire puisse raviver des passions éteintes ou rouvrir des plaies cicatrisées.

Dans le cours de l'année 1841, un recensement général de la propriété mobilière imposable, de la contribution personnelle et des portes et fenêtres, avait été ordonné par le ministre des finances, M. Humann. Cette mesure avait pour but, non une augmentation d'impôts, puisque de nouveaux impôts ne pouvaient être établis que par une loi, mais une péréquation plus rigoureuse des charges publiques, par conséquent un acte de justice. Cependant l'opposition, poussée à un degré extrême de surexcitation par les violences de la presse antidynastique, en contestait de parti pris la légalité. Ce fut seulement à la majorité de deux voix que l'arrêté ministériel trouva grâce devant le conseil municipal de Clermont, quoique le maire eût produit un document officiel établissant que le recensement, déjà effectué dans 202 communes du département, aurait pour résultat un dégrèvement de près de 200,000 francs.

L'opération commença le 9 septembre 1841, sur plusieurs points à la fois. Elle était exécutée par les agents de l'administration, accompagnés de délégués municipaux, chargés de rassurer la partie de la population à laquelle on était parvenu à faire accroire que les recenseurs avaient mission de taxer jusqu'aux objets de la plus mince valeur et de l'usage le plus indispensable. Malgré ces sages précautions, des rassemblements ne tardèrent pas à se former, inoffensifs d'abord, puis menaçants, et bientôt agressifs, suivant les phases ordinaires de l'émeute. A huit heures du soir, la guerre civile ensanglantait le sol de la cité, et la troupe, harcelée de toutes parts, en était réduite à se retrancher et à bivouaquer sur les hauteurs de la Poterne. Les événements avaient pris un tel caractère de gravité, que la continuation des opérations était devenue impossible. Dans la matinée du 10, il fut résolu que le maire, accompagné de ses adjoints et de plusieurs membres dissidents du Conseil, qui se portaient forts pour les agitateurs, annonceraient à la population que le recensement était suspendu jusqu'à des ordres nouveaux. Dans un premier groupe, stationnant au bas de la place Saint-Hérem, la proclamation fut accueillie par des *Vivat*. Un deuxième groupe montra des dispositions moins rassurantes. Bientôt le rassemblement, qui s'était accru en marchant, prit une attitude tout à fait hostile et poussa d'effrayantes clameurs. Sur la place de Jaude, le maire, atteint de plusieurs coups de pierres, pressé par la foule, saisi au collet, menacé de mort, parvint, non sans peine, à se réfugier dans une maison voisine. Il en sortait peu de temps après, et rentrait sain et sauf à l'Hôtel-de-Ville, sous l'escorte de quelques hommes encore écoutés de l'émeute.

On devait espérer que le désordre cesserait avec le fait qui en avait été le prétexte. Il n'en fut point ainsi. Une partie de la population des villages d'Aubière et de Beaumont s'était ruée sur Clermont. On apprit bientôt que des barrières avaient été incendiées, et que deux maisons particulières, affectées en partie au service de l'octroi, avaient été saccagées. Ces actes de violence furent le signal de désastres plus grands encore. L'insurrection, concentrée sur la place Saint-Hérem, et grossie par des habitants de la campagne, prit l'initiative de l'attaque en tirant sur la troupe. Celle-ci riposta par des feux de peloton, et jusqu'à onze heures du soir la fusillade se fit entendre. Trop de victimes, hélas! furent offertes en hécatombe à la Furie des dissensions intestines.

Pendant que ce drame sanglant s'accomplissait aux abords de l'Hôtel-de-Ville, une scène sauvage se passait sur la place de Jaude. La maison de M. Conchon était envahie à l'aide d'effraction, et dévastée du sous-sol jusqu'aux combles, après une tentative d'incendie. Tout le mobilier, réduit en pièces, fut transporté sur la place et servit d'aliment à un foyer dont les flammes lugubres éclairèrent la cité durant deux nuits. Rien ne fut épargné, pas même ces objets qui n'ont point de prisée sur un inventaire, mais que le cœur de l'homme tient pour inestimables : papiers de famille, correspondance privée, travaux de l'esprit, livres accoutumés, souvenirs de jeunesse. Un bosquet et un vaste enclos s'étendaient derrière l'habitation : les arbres en furent arrachés ou coupés par le pied. Nous ne voulons pas parler des odieuses saturnales qui accompagnèrent ces actes de destruction. Et d'ailleurs, hâtons-nous de le dire, une poignée de misérables avait suffi pour les consommer (1). Rappelons, comme un juste hommage au courage civil, qu'un seul homme, M. Tardieu, alors avoué à Clermont, tint en échec, pendant une demi-heure, cette bande de forcenés, et qu'il en eût eu raison peut-être, si le soin des papiers de son étude, placée dans la maison de l'un des adjoints, ne l'eût appelé à protéger d'autres intérêts qu'il croyait menacés.

Nous avons puisé ces détails dans des *Souvenirs* recueillis par M. Conchon lui-même peu de temps après les événements (2). Ce document inédit, précieux pour l'histoire du

---

(1) Voir, *in fine*, la note A.
(2) Voir, *in fine*, la note B.

pays, n'a pas moins de 140 pages de texte. Les faits y sont exposés avec ordre et netteté. Les vraies causes de l'émeute, ainsi que ses points d'attache avec les actes du même genre qui se produisirent presque simultanément à Toulouse, à Milhau et dans d'autres lieux, y sont démontrés avec la plus irrésistible évidence. Mais ce qui frappe le plus dans cet écrit, c'est l'esprit de modération, de justice, d'impartialité dont l'auteur se montre constamment animé, nonobstant la saisissante vérité de son épigraphe :

> .... Quæque ipse miserrima vidi
> Et quorum pars magna fui.

Arrivé au point où nous nous sommes arrêtés, M. Conchon s'exprime ainsi :

« Qu'avais-je donc fait pour mériter les traitements affreux
» auxquels j'étais en butte depuis quelques heures ! J'avais ad-
» ministré la ville pendant six années comme maire, et j'exer-
» çais des fonctions municipales depuis 1830. Je m'étais con-
» sacré à cette magistrature sans aucune arrière-pensée d'am-
» bition ; j'y avais sacrifié mon repos et mon état. Tout ce
» que la ville renfermait d'hommes honnêtes et considérés
» m'avait constamment témoigné les plus vives, les plus tou-
» chantes sympathies. Jamais je n'avais repoussé une plainte
» légitime ; jamais je ne m'étais montré dur et hautain dans
» mes rapports avec mes administrés ; ma maison et mon ca-
» binet étaient ouverts à tout le monde. J'aimais cette admi-
» nistration qui allait à mes goûts et à mes habitudes, et je
» n'aurais pas échangé ma position contre une position plus
» élevée. Depuis que j'étais maire, j'avais mené heureuse-
» ment à fin quelques projets utiles, et j'avais l'espoir et la
» volonté d'en réaliser quelques autres. Mon caractère et mes
» antécédents semblaient donc devoir me protéger contre la
» violence des passions populaires, et cependant, le même
» jour, mon autorité avait été outragée dans la rue, ma per-
» sonne poursuivie à coups de pierres, ma propriété dévastée,
» mon mobilier livré aux flammes et au pillage. Ces réflexions

» produisirent sur moi un effet indéfinissable. J'eus froid au
» cœur. »

Nous reprenons notre récit.

Sous l'empire de ces cruelles émotions, exprimées avec une si touchante simplicité, les pensées de M. Conchon devaient naturellement se reporter sur sa famille. Il avait embrassé le matin sa femme et ses enfants, et les avait engagés à se retirer à Volvic, chez un parent dévoué. Il sentit le besoin de les revoir, ou plutôt de se montrer à eux, car le bruit de sa mort avait été répandu. Sorti de Clermont au milieu de la nuit, il se rendit à Riom, où il prit quelques instants de repos, puis à Volvic. Sa famille ne s'y trouvait pas. Redoutant pour elle le voisinage de Clermont, un ami l'avait conduite à Thiers. Le 11 au soir, le maire de Clermont rentrait à l'Hôtel-de-Ville. Cette absence de quelques heures, si légitime, fut dénaturée dans ses circonstances et dans sa durée. Une correspondance, datée de Clermont et publiée par le journal républicain *le National*, accusa le chef de la cité d'avoir abandonné son poste. Le correspondant avait été trompé par des récits mensongers : il eut la loyauté, rare à toutes les époques, d'avouer son erreur, et de la rectifier par une lettre, imprimée, sur sa demande, dans un journal de Clermont.

Cependant l'effervescence populaire tendait à se calmer; la multitude avait honte des excès commis en son nom. Des patrouilles purent circuler dans la journée du 12, et le lendemain l'ordre était rétabli.

Nous avons esquissé à grands traits cette catastrophe à jamais regrettable ; nous allons voir maintenant comment elle a été jugée par M. Conchon lui-même, et ce nouvel emprunt que nous faisons au dernier feuillet de ses *Souvenirs*, vous donnera, Messieurs, la juste mesure de l'homme et du citoyen.

« J'ai raconté, écrit-il, ce que j'ai vu et comme je l'ai vu. Acteur et spectateur, j'étais trop bien placé pour ne pas bien voir. Victime principale de l'émeute, ma position exceptionnelle aurait pu faire excuser peut-être en moi quelque peu d'irritation et de ressentiment. J'avoue pourtant qu'en me sondant, je n'ai rien trouvé dans mon âme qui dût me faire craindre d'être inexact dans mes récits ou passionné dans mes appréciations. Les attaques contre ma propriété, les violences contre ma personne ont été sans doute des faits d'une déplorable gravité ; mais ces faits sont-ils donc autre chose qu'un des épisodes ordinaires de toutes les dissensions civiles ? J'ai assez vécu et assez étudié pour savoir que partout le peuple est exigeant et ingrat ; que partout il est fougueux, prompt à l'ivresse et facile à entraîner par de misérables passions. Mais je sais aussi que c'est avec le peuple que s'accomplissent les choses grandes et généreuses ; je sais que, dans cette multitude, il y a des génies et des braves ; que la force du pays est là, et qu'il faut pardonner à cette tourbe ses égarements et ses violences, à cause de l'étonnante vertu que souvent elle montre, et de ses retours subits des plus honteux excès aux actes du dévouement le plus sublime. Au reste, les accusations contre les masses sont toujours injustes ; et, quelle que soit l'amertume de ma douleur, quelque immérités que soient les traitements que j'ai eu à subir, je n'aurai jamais le courage de prononcer anathème sur la ville dont j'ai été le premier magistrat, et où m'attachent tant d'agréables souvenirs, tant de précieuses sympathies. »

Dans une proclamation qu'il fit afficher le lundi 13 septembre, le maire avait annoncé l'intention de *rester à son poste*. Une appréciation plus réfléchie des circonstances et de la situation qu'elles lui avaient faite, ne tarda pas à le détourner de cette résolution. Il comprit aussi que le séjour de Clermont, où il n'avait plus ni foyer ni abri, lui était devenu difficile. Le Gouvernement lui offrit un siége de conseiller à la Cour de Riom : il l'accepta, s'estimant heureux de reprendre les travaux du cabinet, souvent interrompus par les exigences de l'édilité, et de pouvoir, à si petite distance de Clermont, conserver ses relations de famille et de société.

Ici commença pour lui une existence nouvelle, dont la sérénité ne devait être troublée que par la perte d'un fils mort sur une plage lointaine. Le calme de notre chef-lieu judiciaire convenait à ses goûts, et ses heures s'écoulaient doucement, partagées entre les devoirs de sa charge, les délassements de l'étude et l'entretien de quelques amitiés fidèles, lorsqu'il lui fut proposé d'échanger son siége de la Cour de Riom contre un siége de même rang à la Cour de Paris. Nous ignorons à qui appartient l'initiative de cette proposition, mais nous savons tous à quels intérêts elle avait pour objet de donner satisfaction. L'un des plus proches et des plus chers alliés de M. Conchon, le mari d'une de ses filles, occupait depuis longtemps une position éminente dans les conseils du prince : qui pourrait avoir la triste pensée de blâmer en lui le désir de rapprocher, sans déchéance hiérarchique, le père de la fille, l'aïeul des petits-enfants? Au surplus, la faveur offerte à notre confrère n'était pas seulement légitimée par les situations, elle l'était encore par les anciens et honorables services de l'administrateur et du magistrat. Cependant il est à notre connaissance personnelle qu'il hésita longtemps à l'accepter. Enfin, les sentiments de famille l'emportèrent, et le conseiller de province alla s'asseoir à la Cour de Paris. Il ne tarda pas à s'y faire estimer et aimer, et nous trouvons dans sa correspondance la preuve des rapports affectueux qu'il entretint avec plusieurs de ses collègues les plus distingués.

La vie de Paris lui plut bientôt par son indépendance, et il sut facilement l'accommoder à ses habitudes. Il retrouvait quelques anciens amis, depuis longtemps perdus de vue, mais non oubliés, dont il se forma une société intime, à côté du cercle de la famille un peu aggrandi par les exigences officielles. Sa destinée était désormais fixée. Les jours se succédaient pour lui dans les meilleures jouissances de l'esprit et du cœur, sans qu'il s'inquiétât, suivant le précepte du Sage, du terme que les dieux leur avaient assigné (1), lorsque l'heure de la retraite, celle-là fatalement écrite sur le cadran de la Chancellerie, sonna pour le magistrat. L'expérience prouve que cette époque de transition est souvent funeste à l'homme public, surtout à

---

(1) Quem finem Di dederint. Hor., lib. I., od. XI.

celui dont les fonctions empruntent à une régularité périodique le caractère d'une habitude. Au danger résultant d'une brusque déviation imposée à la marche de la vie accoutumée, il faut certainement ajouter l'effet moral de cette incapacité par présomption légale infligée, à échéance fixe, au magistrat dont la carrière s'est accomplie dans les travaux de l'intelligence. Cependant M. Conchon paraissait avoir pris son parti, du moins il voulait se le faire accroire, ainsi que l'attestent ces jolis vers, extraits d'une épître qu'il adressait à un de ses collègues :

> Au décret de Son Excellence,
> Je suis d'avance résigné,
> Espérant que la Providence,
> Par une heureuse inadvertance,
> Ne l'aura pas contresigné (1).

Cette espérance, hélas! devait être déçue. La mise à la retraite est du mois de juin 1864 : presque aussitôt les médecins constataient des défaillances dans les fonctions de l'estomac et des signes non équivoques de dépérissement. Après une courte période stationnaire, due à un changement de régime, le mal fit de rapides progrès, et, le 13 février 1865, le malade succombait avant d'avoir atteint sa 71ᵉ année.

Notre Académie perdait un de ses membres les plus anciens, l'Auvergne un de ses meilleurs citoyens.

Magistrat municipal, M. Conchon avait apporté dans l'exercice de ces fonctions si difficiles les lumières d'une longue expérience et le zèle d'un dévouement absolu. Doué d'une grande aménité de caractère, accessible à tous, heureux de donner satisfaction aux intérêts individuels, il aimait à se laisser aller au penchant, quelquefois périlleux, d'une bienveillante condescendance ; et peut-être faudrait-il rechercher dans un excès de ces qualités une des causes de l'irritation populaire, au jour où le maire, usant d'une fermeté que sa bonté avait pu voiler, essayait de résister aux exigences de la foule.

(1) Voir note C.

Comme homme judiciaire, il se fit remarquer par le sentiment du devoir, par la rectitude du jugement, par la netteté pratique des solutions.

Mais c'est surtout dans l'application de ses aptitudes littéraires qu'apparaissent les parties les plus saillantes de cet esprit distingué. A l'hôtel de la cité comme dans cette enceinte, le littérateur se montre éminent dans les genres les plus opposés. Il excellait à composer ces discours de circonstance où l'orateur doit approprier sa parole à des sujets et à des auditoires différents. S'agit-il de distribuer des couronnes aux lauréats d'une école communale d'ouvriers, tantôt il mesure avec une libérale impartialité l'étendue du principe de l'égalité des droits et de l'admissibilité de tous les citoyens aux emplois publics (1), tantôt il parle avec l'autorité d'un économiste de l'influence des arts et de l'industrie sur le bien-être de la classe la plus nombreuse, et réfute, à l'aide d'arguments nouveaux, cette opinion erronée que le luxe ne profite qu'à la richesse (2). Ailleurs, lors de l'ouverture d'un cours gratuit de chimie (3), il passe en revue tous les services rendus par les sciences physiques au commerce, à l'industrie, à l'agriculture, à l'art de guérir, à l'hygiène, et même à l'administration de la justice. J'ai déjà dit un mot des Notices biographiques lues par lui à l'Académie. Celle qu'il a écrite sur le peintre Degeorge révèle des connaissances spéciales que personne n'aurait soupçonnées. Les principales écoles de peinture y sont l'objet d'observations judicieuses auxquelles ne manque même pas la forme technique; les œuvres capitales de l'artiste s'y trouvent décrites et appréciées comme elles auraient pu l'être par un de ses pairs. La Notice sur Vaissière renferme une histoire épisodique de la chanson pleine de rapprochements ingénieux ; mais il faut surtout y remarquer avec quelle délicate perception des nuances les plus insaisissables, le biographe suit les transformations suc-

(1) Discours prononcé à l'école communale gratuite de dessin linéaire, architecture, géométrie, musique, etc. 7 septembre 1851.
(2) Discours du 25 août 1859.
(3) 20 décembre 1854.

cessives du talent de son cher poète, à travers des modifications d'idées et de sentiments se rattachant à des causes diverses.

Au reste, en faisant incursion dans le domaine de la poésie, M. Conchon se rencontrait sur son propre terrain, car il était poète lui-même, comme le furent tant d'illustres magistrats qui ne crurent pas compromettre la gravité de leur caractère en abandonnant quelques heures à des œuvres légères. Je n'éprouve aucun embarras à vous entretenir des petits poèmes familiers qui forment la plus grande partie de son bagage poétique, et à les appeler par leur nom. Je veux parler de ses *Chansons*, vives bluettes, étincelantes de verve et d'originalité. Mais pour les bien juger, il ne suffirait ni de les entendre ni de les lire; il faudrait avoir vécu avec ceux qui les ont inspirées, car presque toutes sont des portraits. Vous connaissez ces caricatures plastiques de Dantan, qui, sous la forme la plus grotesque, reproduisent l'image si ressemblante de nos célébrités contemporaines : eh bien, je ne saurais trouver un point de comparaison plus juste pour donner une idée vraie des charges poétiques de notre ancien confrère. Et pour que les rapports soient mieux indiqués encore, j'ajouterai que si nos grands hommes du jour briguent l'honneur de se voir disloquer sous l'ébauchoir de l'artiste, les plus intimes amis du chansonnier n'étaient pas moins fiers d'être passés au fil de sa plume. L'épigramme est jetée à pleines mains dans ces strophes badines; mais elle s'y trouve tempérée par tant de belle humeur et de franche gaîté, que la victime elle-même, après avoir ri, se confessait désarmée. C'est que, grâce à un tact merveilleux, à une bonhomie charmante, ou plutôt à un rare et heureux privilége de nature qu'on ne saurait définir, le poète est malin sans méchanceté, satyrique sans ironie, curieux sans indiscrétion. Son trait porte en plein et ne blesse pas, comme s'il était dirigé contre des faiblesses de bon ton et contre des ridicules acceptés. Ces boutades, remplies d'inspiration et d'art tout à la fois, font encore les délices de réunions intimes, d'où elles ne doivent pas sortir.

En dehors de cette série de portraits, qui occupent une

large place dans sa galerie, M. Conchon a laissé beaucoup d'autres pièces accommodées pour la plupart au rythme de la chanson. *La légende du château de Montaigu* est une ballade très-bien faite où la grâce sait se glisser jusqu'au plus épais du fantastique et du merveilleux ; *les Temps passés* et *Ma dernière Dent* sont des leçons de la plus aimable philosophie. Parmi ces petits poèmes, permettez-moi de vous citer quelques couplets des *Conseils d'un grand-père à ses petites-filles* (1) :

>Petits démons, troupe rieuse,
>Un peu turbulente parfois,
>Vous rendez ma vieillesse heureuse ;
>Je rajeunis quand je vous vois.
>J'aime votre joyeux ramage,
>Vos gambades et vos flons-flons ;
>Ah ! pour moi restez à cet âge,
>>Petits démons,
>>Charmants démons !

>Petits démons, pour qu'on vous aime,
>Aux pauvres donnez quelque peu ;
>Le grain que la charité sème
>Germe dans le cœur du bon Dieu.
>Si vous suivez cette maxime,
>Là-haut vous ferez vos moissons ;
>De vos plaisirs donnez la dîme,
>>Petits démons,
>>Charmants démons !

>Vous deviendrez de belles dames
>Vous aurez de riches habits ;
>Soyez surtout de bonnes femmes
>Et mijotez bien vos maris.
>Sous des fleurs déguisez leurs chaînes,
>Donnez de l'air à leurs prisons ;
>Ne leur faites pas trop de scènes,
>>Petits démons,
>>Charmants démons !

(1) MM^{lles} Rouher, filles du Ministre d'État, et Mlle Bohat, fille du Préfet de Vaucluse.

> Fermez l'oreille à qui vous flatte,
> Tout flatteur est à dédaigner ;
> Si l'on vous donne un coup de patte,
> Rendez-le sans égratigner.
> Des femmes aux grandes manières
> Fuyez les airs et les façons :
> Soyez dignes sans être fières,
>   Petits démons,
>   Charmants démons !

Je passe plusieurs couplets (car le poète est d'une merveilleuse abondance) et j'arrive au dernier :

> Lorsque bientôt un peu de terre
> Couvrira ses restes mortels,
> Donnez une larme au bon père
> Qui vous chantait ses vieux Noëls.
> Mais, tant qu'il sera de ce monde,
> Aux gais refrains de ses chansons,
> Autour de lui dansez en ronde,
>   Petits démons,
>   Charmants démons !

Il y a dans ces jolis vers des qualités de plusieurs sortes, mais je dirais qu'ils sont surtout empreints de la plus exquise sensibilité, si ce mot, plein de délicatesse, ne nous eût été gâté par les philanthropes de la fin du siècle dernier.

C'est ainsi, Messieurs, que les lettres charmaient les loisirs du magistrat. Il les cultiva jusqu'à ses derniers moments. Quelques mois avant sa mort, alors que déjà une notable altération des traits du visage inspirait à ses amis de tristes pressentiments, il nous disait de mémoire un conte en vers tout fraîchement assaisonné de ce sel gaulois qui plaisait à la muse dégagée de Boccace.

Ces jeux de l'esprit n'étaient que des distractions à des études littéraires plus sérieuses. Il lisait les livres nouveaux de nos meilleurs écrivains et les analysait avec soin ; toutefois, ces lectures ne le détournaient que peu de son commerce habituel avec les anciens. Horace le suivait partout ; et, dans les derniers temps de sa vie, il essayait, à l'aide de comparaisons ingénieuses, un parallèle entre les lettres de Cicéron et la correspondance de Voltaire.

Ce que nous avons dit de l'homme public et du lettré suffirait sans doute pour faire connaître l'homme tout entier ; ajoutons néanmoins quelques détails sur le caractère et sur les habitudes de l'homme privé.

De tous ses amis, M. Conchon n'avait eu à regretter que ceux qui l'avaient précédé dans la tombe. Les survivants, et ils sont nombreux encore, témoigneraient avec moi de la douceur de ses mœurs, de la sûreté de ses relations, du dévouement de ses affections. Circonspect dans ses appréciations des personnes et des choses, il s'étudiait à ne jamais froisser les opinions qu'il ne partageait pas. Poursuivi de haines aveugles au temps des discordes civiles, on ne citerait de lui ni un acte de vengeance ni une parole de récrimination acerbe. Modeste jusqu'à la défiance de soi-même, il avait en horreur le ton tranchant et aimait à s'effacer dans toute discussion où l'amour-propre était engagé. Il évitait toute recherche dans la conversation; sa parole était simple, quelquefois un peu embarrassée, quoique vive et animée, et n'aurait point laissé deviner la distinction, la dextérité et la souplesse de sa plume. Son esprit était franc et de bon aloi : il ne voulait pas croire que l'on pût préparer des *mots*, et il lui arrivait souvent d'admirer comme parure naturelle ce qui n'était qu'artifice de toilette. Il aimait les jeunes gens, les encourageait dans leurs travaux et se montrait indulgent pour leurs faiblesses, pourvu que le cœur n'eût point à en souffrir.

Son obligeance était connue de tous. Toutefois, cette qualité devait être mise à une rude épreuve dans les quinze dernières années de sa vie. Livré par sa position de famille à l'essaim incommode des solliciteurs, il eut souvent à lutter contre les inspirations de sa bienveillance instinctive. Ennemi de l'obsession, maladroit à l'intrigue, il ne se prêtait qu'avec une extrême répugnance aux démarches officieuses, et ne savait pas insister. On lui en a fait un reproche: il fallait l'en louer. Il avait compris, en effet, que le voisinage du Pouvoir commande à ceux qui l'approchent une circonspection de bon goût, favorable au Pouvoir lui-même. Et puis l'expérience n'avait pas tardé à lui apprendre que le rôle de protecteur attitré engendre plus de mécontentement que de gratitude. Au surplus, la haute fortune politique, entrée dans sa maison par la grande porte, suivant l'expression de Bossuet, l'avait laissé pur des enivrements qu'elle verse autour d'elle. S'il était fier, à bon droit, de la glorieuse destinée de l'un des siens, ceux qui l'approchaient démêlaient bien vite dans ce sentiment une expansion naïve du cœur entièrement dégagée de suffisance et de vanité. Il n'aimait ni à poser, comme on dit aujourd'hui, ni à se targuer de son crédit. Fidèle à ses vieilles amitiés, il ne recherchait aucune intimité nouvelle, et les séductions d'un monde brillant n'altérèrent en rien la simplicité de ses habitudes.

Son esprit distrait se prêtait peu aux détails de la vie usuelle. Il éprouvait de l'ennui à s'occuper de ce qu'on appelle *ses affaires*, et les intérêts matériels en eussent souffert, s'il n'eût trouvé, dans la femme éminente que la Providence avait de bonne heure associée à sa destinée, un intendant aussi éclairé que vigilant. On riait de son ignorance en économie rurale; mais nul ne savait mieux que lui goûter les pures jouissances de la vie des champs. Dès que ses fonctions lui laissaient quelques jours de liberté, il accourait au Pointet, son riant châlet, coquettement assis sur la crête d'une pente abrupte de la Sioule, riche de fruits et d'ombrages, toujours ouvert à ses amis, attirés par les charmes de la plus cordiale hospitalité. Le Pointet a été chanté par lui dans des couplets faciles où toutes les pointes connues et leurs composés sont spirituellement passés en revue à la manière de Désaugiers.

Mais je m'arrête, Messieurs; et s'il m'était arrivé de m'égarer, comme Montaigne, *par les petits sentiers du menu propos*, vous auriez l'indulgence de vous rappeler que je parle d'un ami devant une Compagnie où il compta autant d'amis que de confrères; vous n'oublieriez pas non plus que si les grandes lignes conviennent aux grands tableaux, c'est par les traits de détail que la physionomie passe dans les portraits.

Tel fut cet homme de bien.

Il méritait d'être heureux, et l'on pourrait dire que, toute compensation faite, il le fut dans la plus large mesure qu'il soit donné à l'humanité d'espérer. Cette prodigalité de la fortune, il la dut surtout à la modération de ses désirs, à l'égalité de son humeur, à sa tolérance en toutes choses. C'est qu'il avait su mettre en pratique la douce philosophie d'Horace, et que sa devise fut toujours celle de son poète favori : Rien de trop.

Un des priviléges du bonheur est de rayonner sur tout ce qui l'entoure. Aussi la mort de M. Conchon ne devait pas être seulement pour les siens le signal de la plus cruelle des séparations; c'était encore la perte de l'élément le plus précieux de la félicité commune, surtout pour l'excellente compagne dont l'existence, pendant plus de 46 années, fut si étroitement unie à la sienne.

Puisse cet hommage pieux, rendu à la mémoire de l'époux, apporter un adoucissement à sa douleur!

NOTES

A

L'indemnité allouée à M. Conchon pour réparation des pertes qu'il avait éprouvées, a donné lieu à des appréciations malveillantes, qu'il importe de rectifier dans l'intérêt de la vérité.

Les renseignements qui suivent sont puisés dans un acte authentique du 4 mai 1852, reçu Imbert-Gourbeyre, notaire, portant règlement entre la ville de Clermont et M. Hippolyte Conchon.

Sur la demande intentée par ce dernier contre les communes de Clermont, d'Aubière et de Beaumont, ces trois communes furent condamnées à payer solidairement :

1°. Pour perte mobilière....................	39,873ᶠ	43ᶜ
2°. Pour dégradations de la maison...........	23,531	72
3°. Pour dommages-intérêts..................	1,120	»
4°. Pour indemnité de valeur locative.........	3,040	»
En tout........	67,565ᶠ	15ᶜ

Le tribunal n'avait alloué que la simple indemnité déterminée par un rapport d'experts, tandis qu'aux termes formels de la loi du 10 vendémiaire an IV, M. Conchon avait droit : 1°. à une indemnité *sur le pied du double de la valeur des objets pillés;* 2°. à des dommages-intérêts *qui ne pouvaient être moindres que la valeur entière des objets pillés.* Il pouvait donc exiger le *triple* de ce que le tribunal lui avait accordé, c'est-à-dire une somme de 119,620 fr. 29 cent., en n'appliquant les dispositions de la loi qu'aux seules *pertes mobilières.*

Les communes d'Aubière et de Beaumont crurent devoir interjeter appel du jugement contre la ville de Clermont, à raison de la répartition proportionnelle de l'indemnité. M. Conchon, intimé devant la Cour, forma lui-même appel incident contre les deux communes, et les fit condamner à lui payer le triple, conformément à la loi. Il respectait les dispositions *illégales* du jugement en ce qui concernait la ville de Clermont.

Quelques jours après l'arrêt de la Cour, les maires d'Aubière et de Beaumont sollicitèrent de M. Conchon la remise des condamnations prononcées sur son appel. Il y consentit, à condition qu'il ne subirait point pour le recouvrement de sa créance, réduite au *simple*, les lenteurs d'une perception municipale. Cette condition fut acceptée, et tels furent la reconnaissance et le dévouement des deux maires, qu'ils s'obligèrent personnellement à payer la dette de leurs administrés.

L'acte précité du 4 mai 1852, constate qu'à cette date il était encore dû à M. Conchon la somme de 36,095 fr. 45 cent. Par ce même acte M. Conchon déclare réduire sa créance à 25,000 francs, faisant ainsi l'abandon d'une somme de 11,095 fr. 45 c.

B

Ces *Souvenirs* ou *mémoires* se trouvent entre les mains de M. Valentin Smith, conseiller à la Cour impériale de Paris, à qui l'auteur en fit hommage lorsque M. Smith était son collègue à la Cour de Riom. La reliure est une rareté bibliographique. Le manuscrit, de format in-12, n'ayant point été fait en vue de la reliure, l'ouvrier, nous pourrions dire l'artiste, a dû, pour ne pas altérer l'écriture, ajouter une bande longitudinale de papier à chaque feuillet. Ce travail difficile a été merveilleusement exécuté.

C

M. Conchon était particulièrement lié avec M. le conseiller Hortensius Saint-Albin. Dans une épître en vers qu'il adressait à ce magistrat vers la fin de 1863, nous lisons le passage suivant :

Mon lot est de plier bagage...
. . . .
Le bon Horace m'y convie
Par la douce philosophie
De son *solve senescentem*,
Et bientôt la chancellerie
Dira sur moi son *Requiem*.
Au décret de son Excellence
Je suis d'avance résigné,
Espérant que la Providence,
Par une heureuse inadvertance
Ne l'aura pas contresigné.

Si le bon Dieu me prête vie,
Malgré le décret solennel
De mon décès officiel,
Sans imiter la parodie
Du fameux vainqueur de Pavie,
Qui pour ce crime eût mérité
Que Belzebut l'eût emporté
Avec tout le dévot cortége
De sa parade sacrilége,
Je promets d'assister gaiement
A mon prochain enterrement.

Clermont, typ. Ferdinand Thibaud.

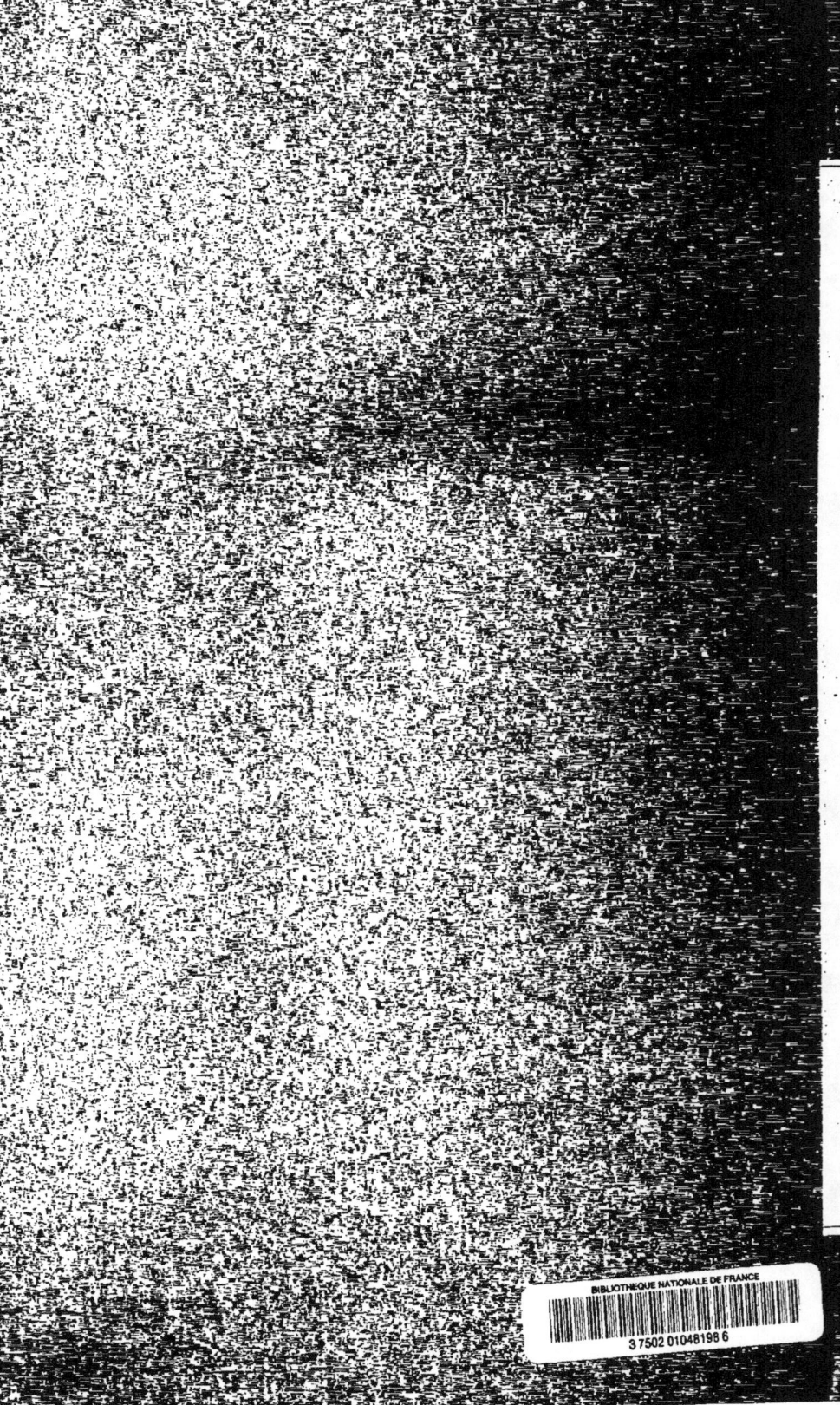

www.ingramcontent.com/pod-product-compliance
Lightning Source LLC
Chambersburg PA
CBHW060722050426
42451CB00010B/1574